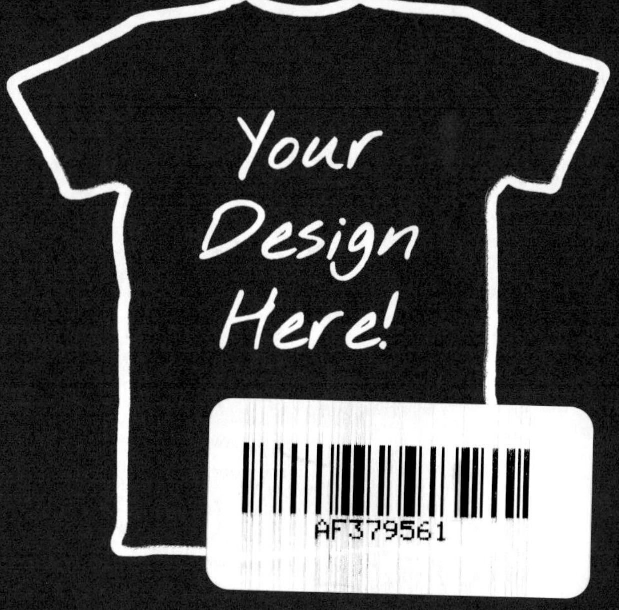

Your
Design
Here!
AF379561
T-Shirt Outline Sketchbook

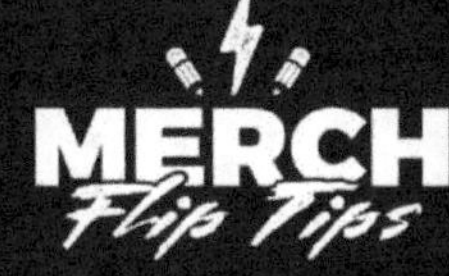
MERCH
Flip Tips

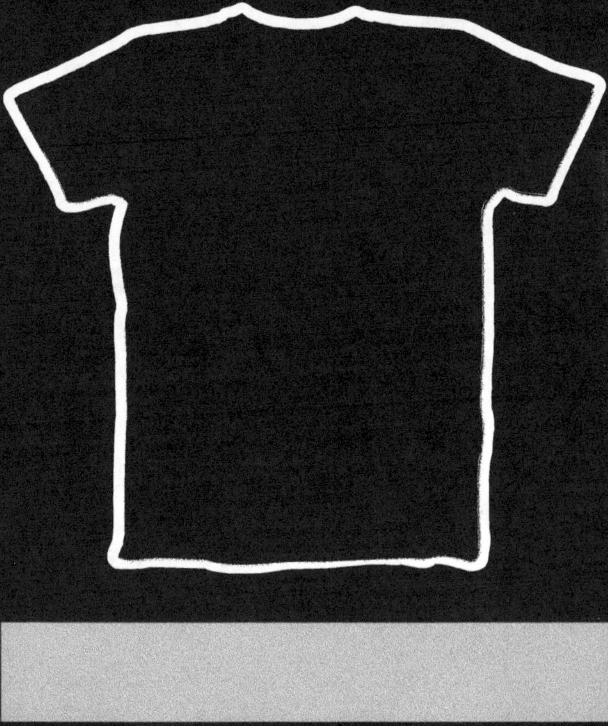

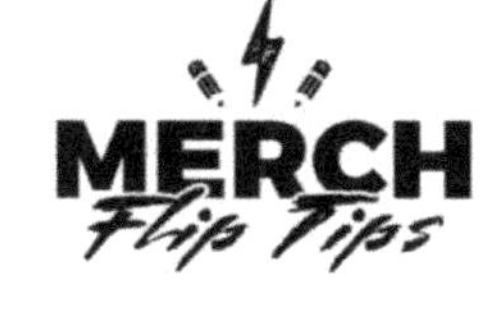

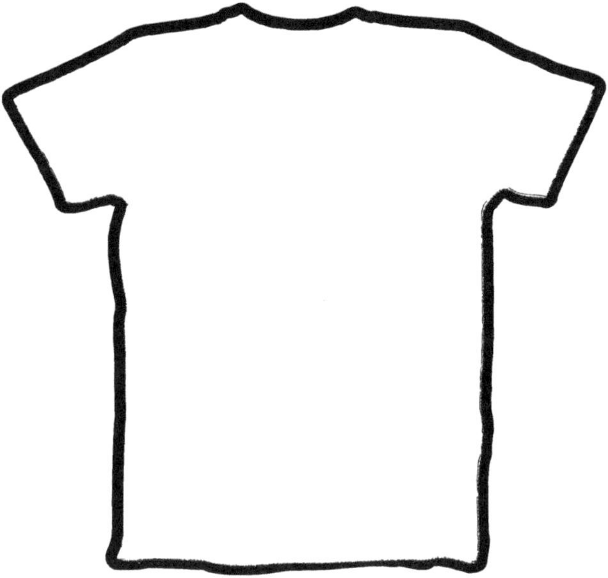

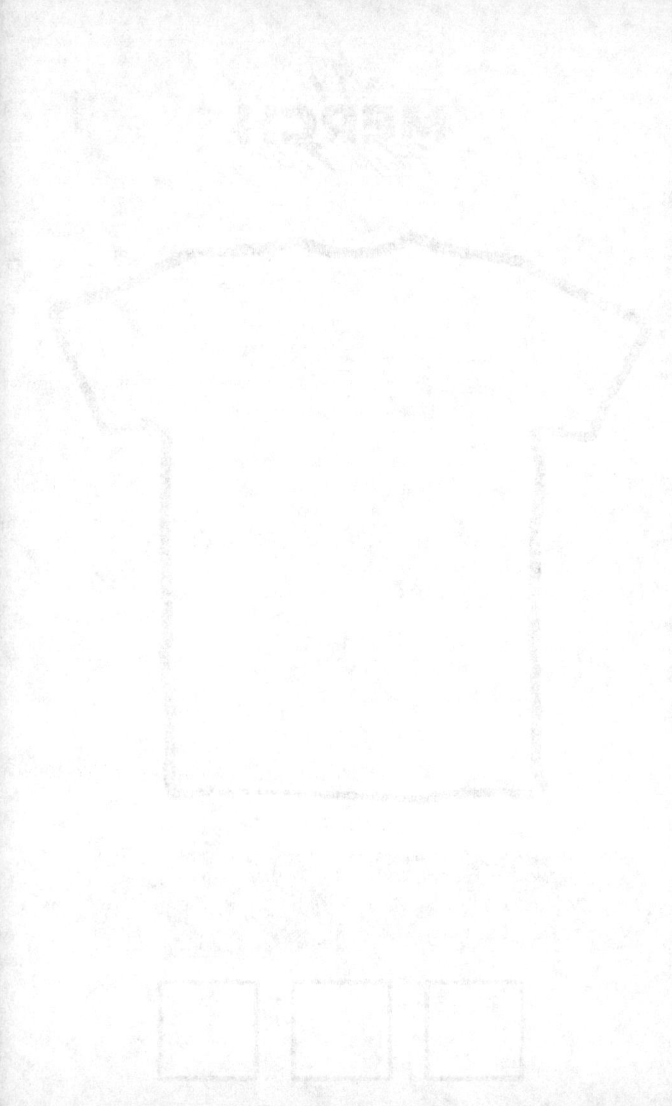

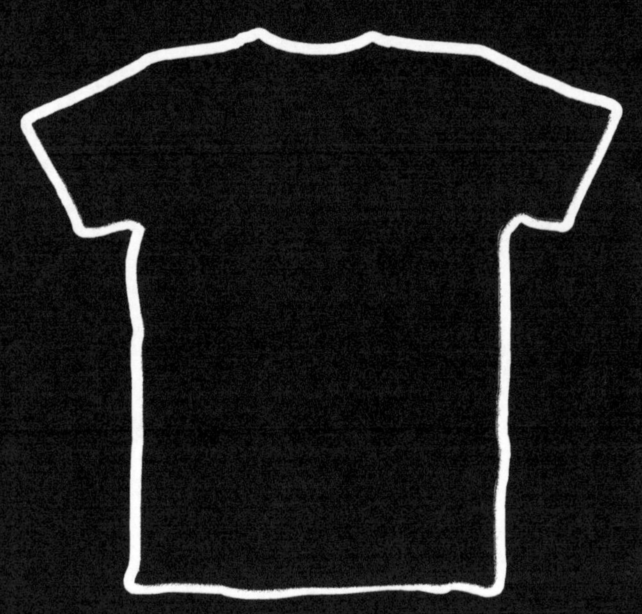

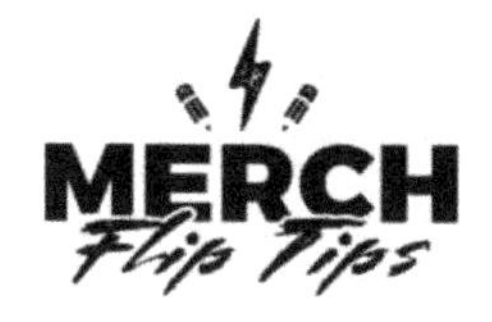

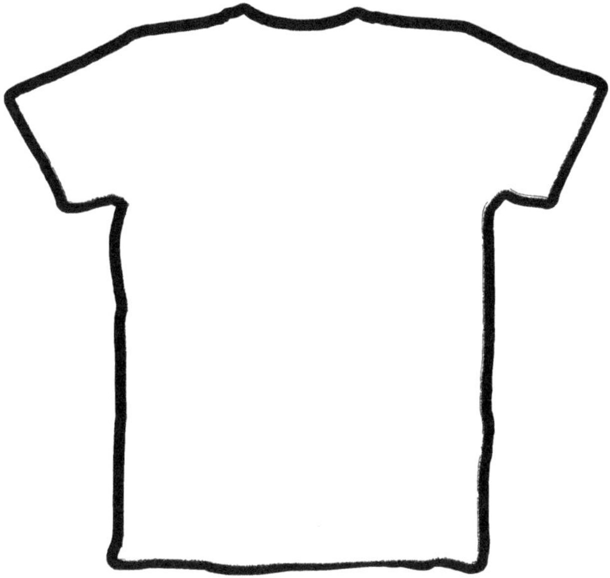

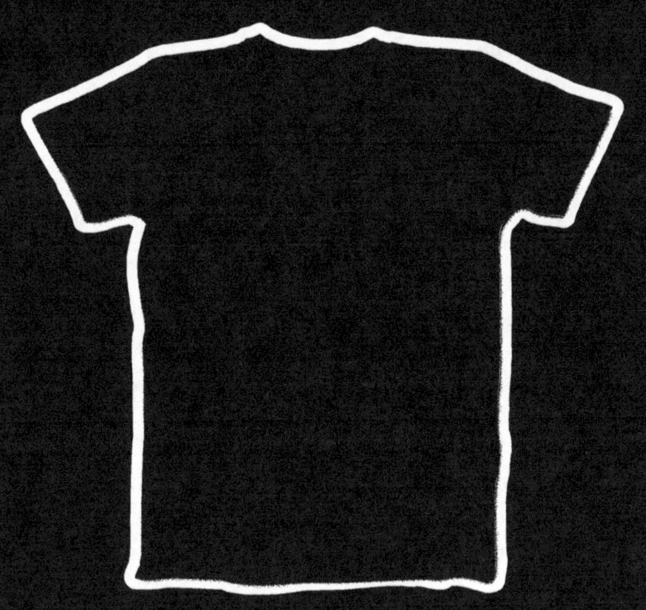

MERCH
Flip Tips

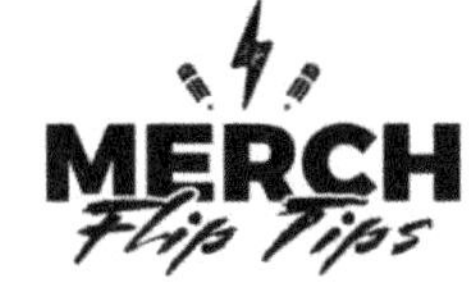

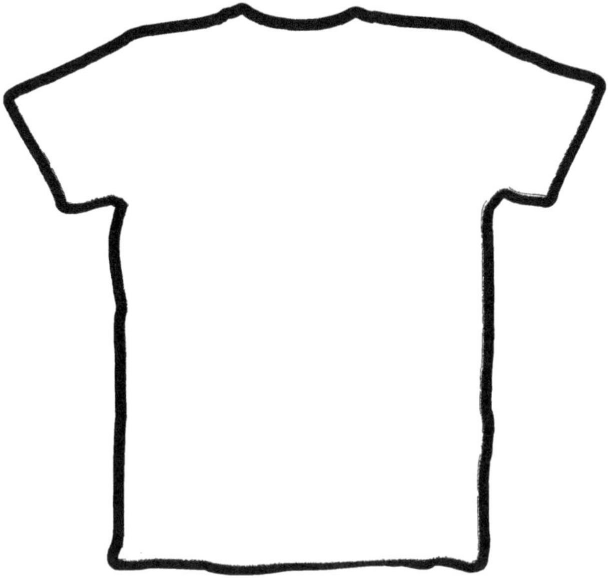

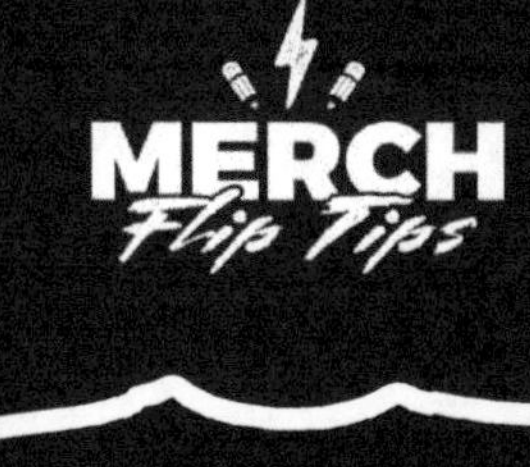

MERCH
Flip Tips

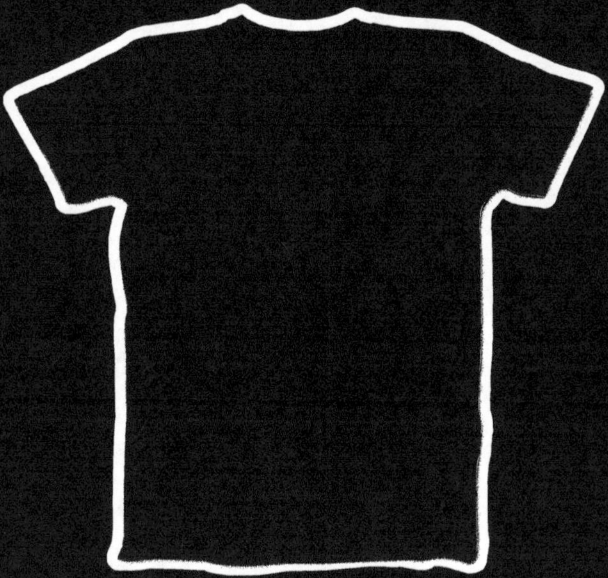

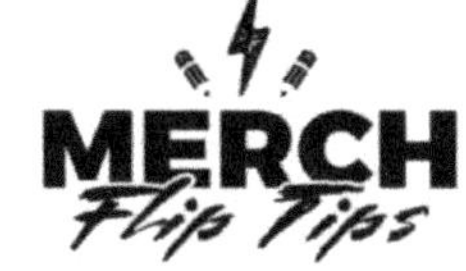

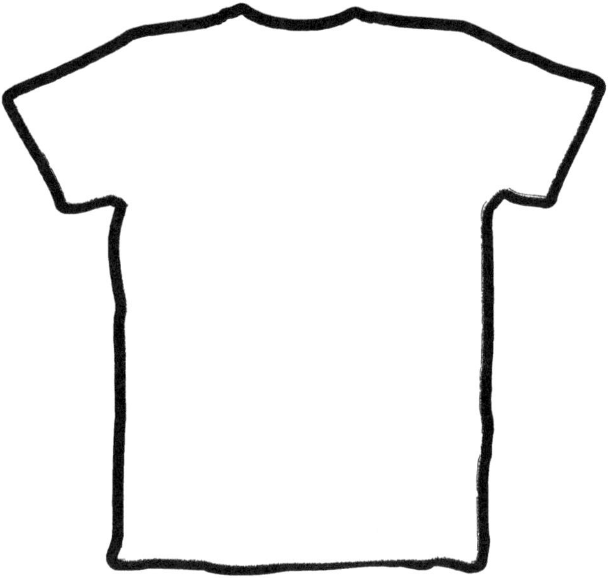

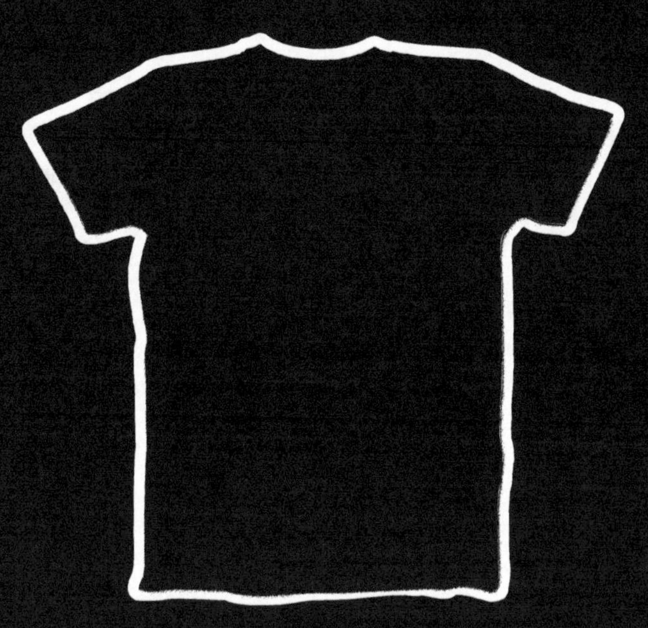

MERCH
Flip Tips

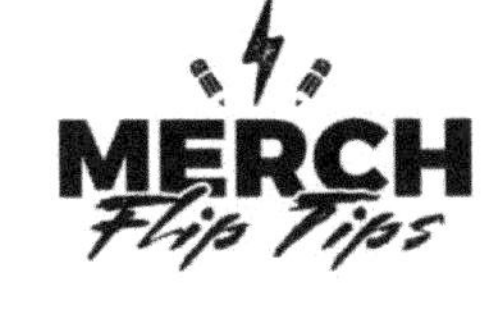

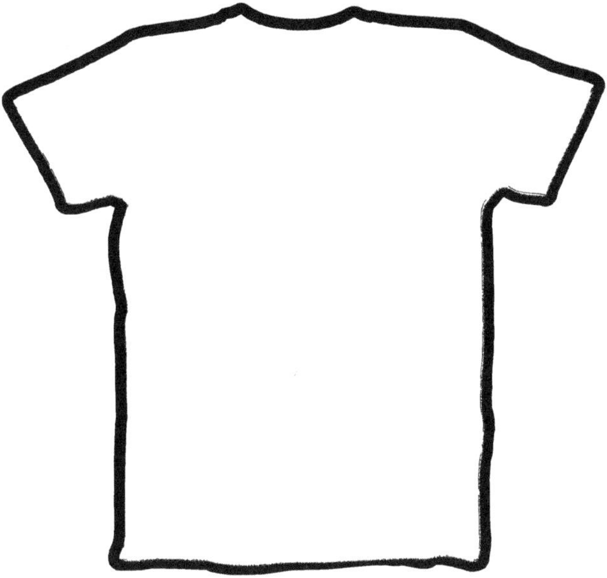

MERCH
Flip Tips

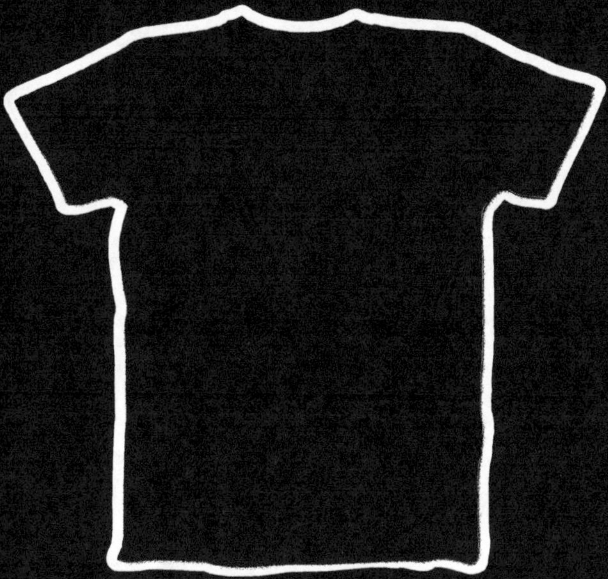

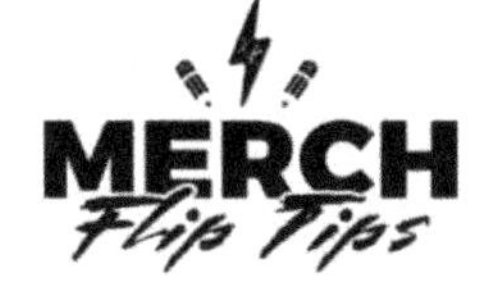

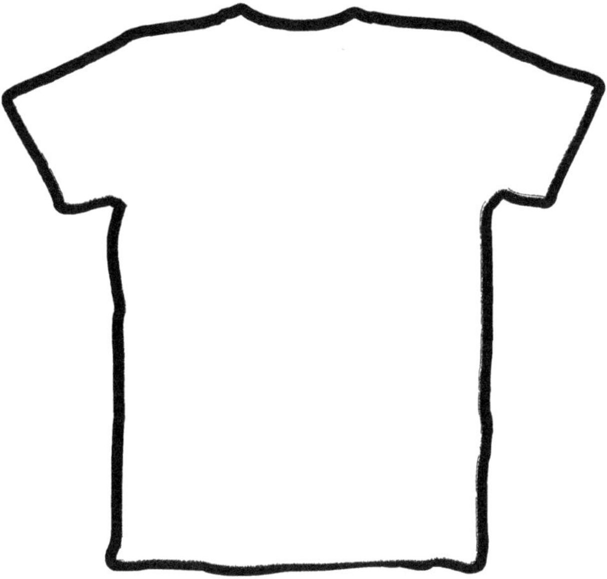

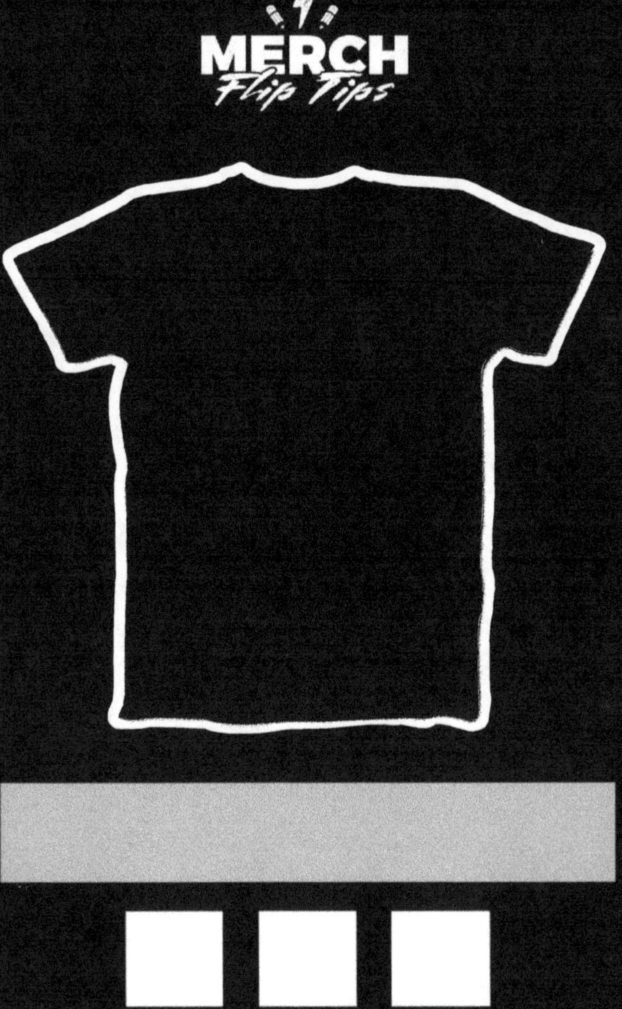

MERCH
Flip Tips

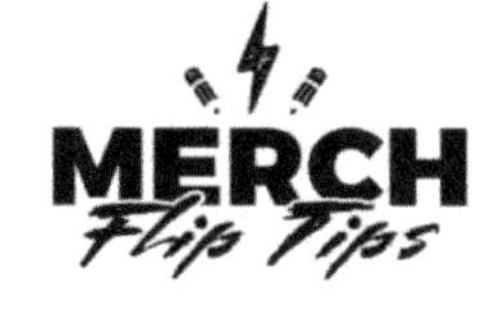

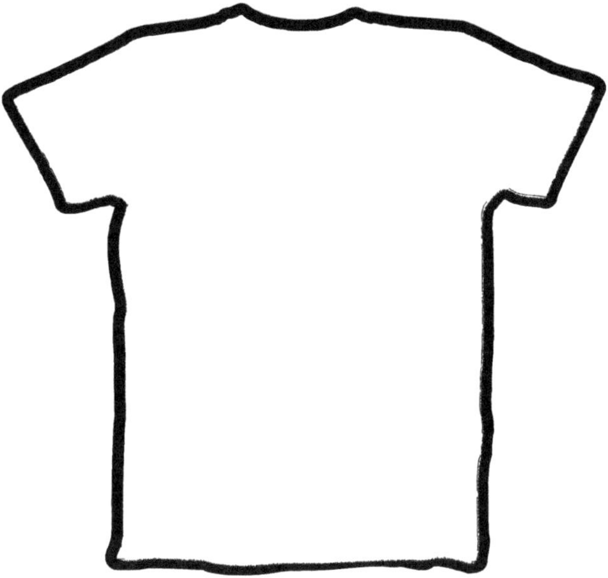

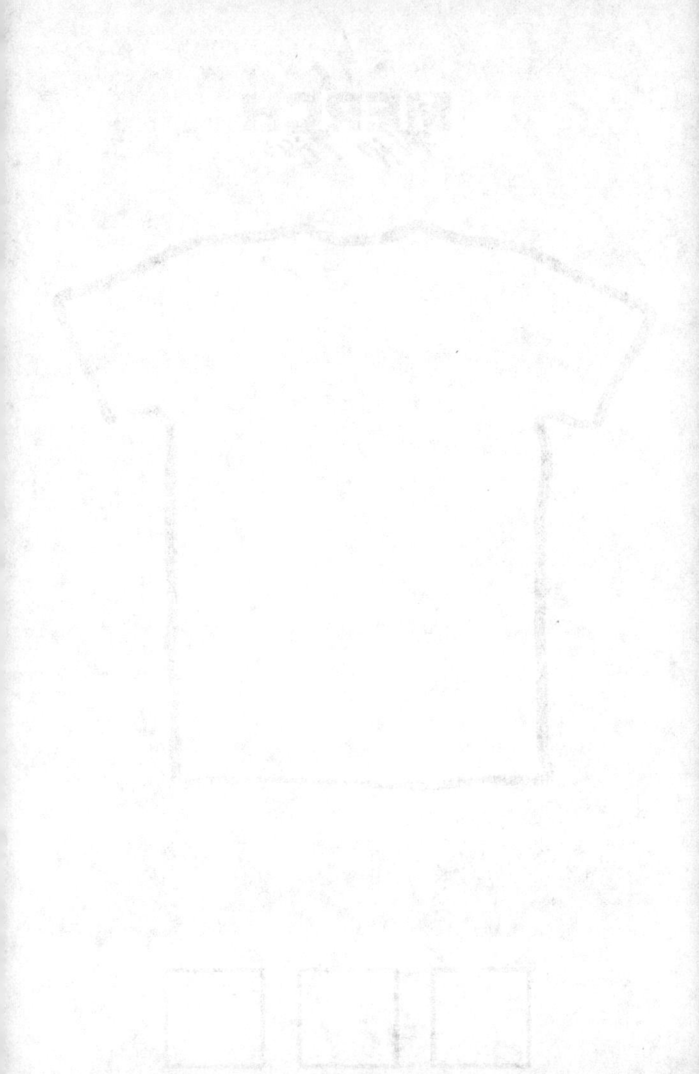

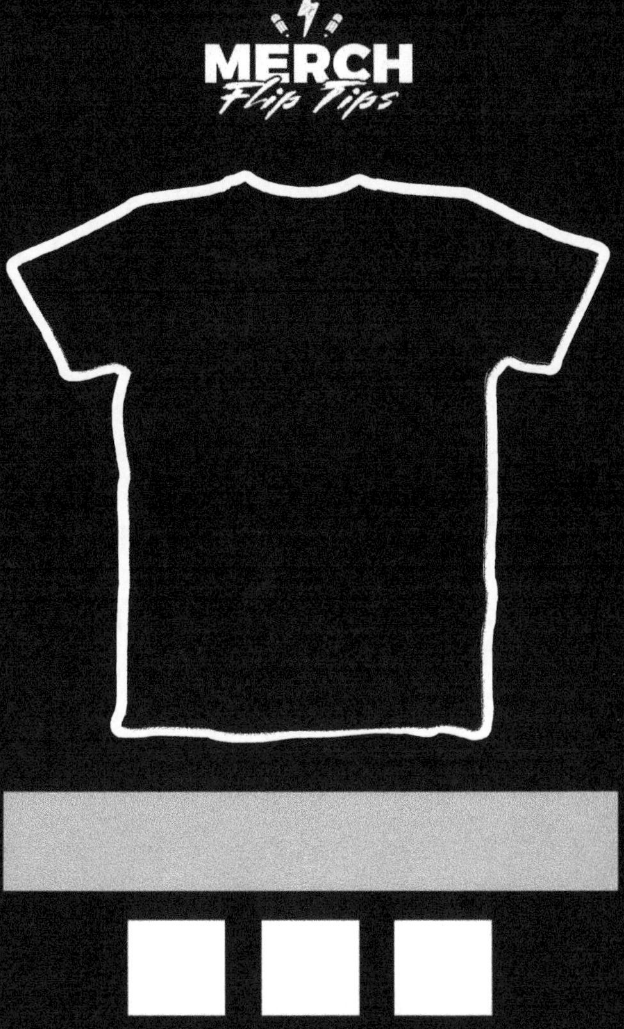

MERCH
Flip Tips

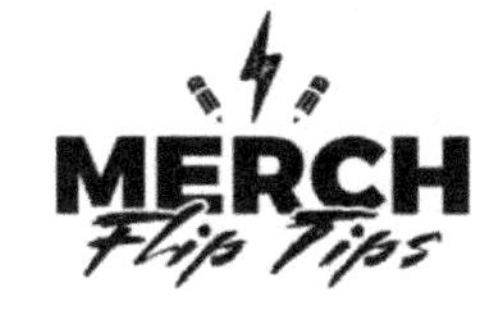

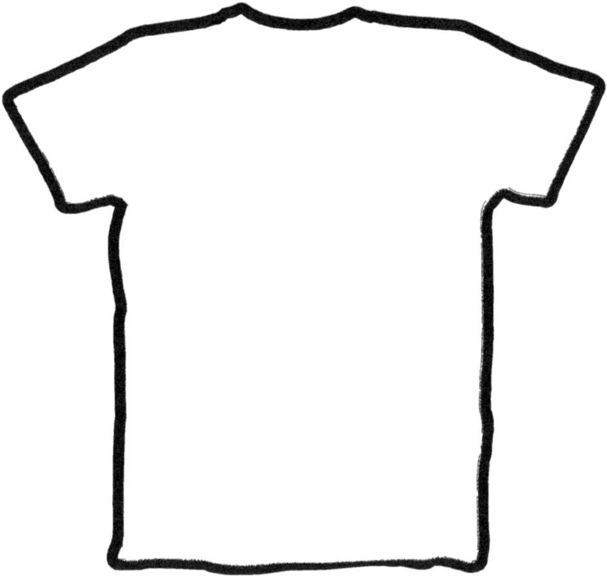

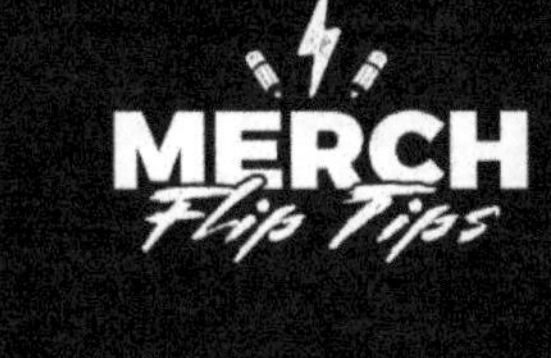

MERCH
Flip Tips

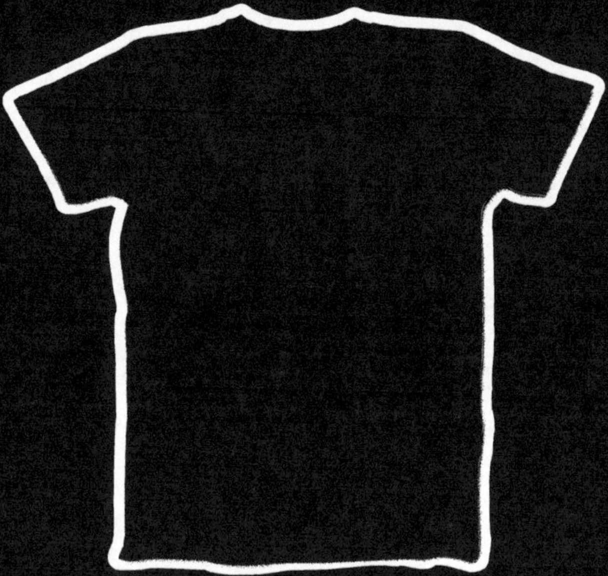

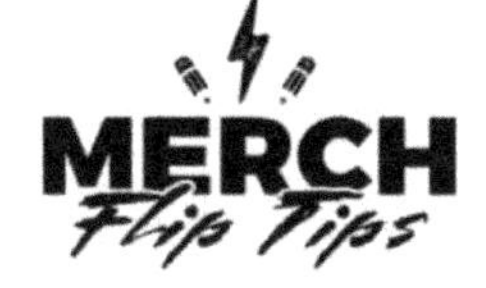

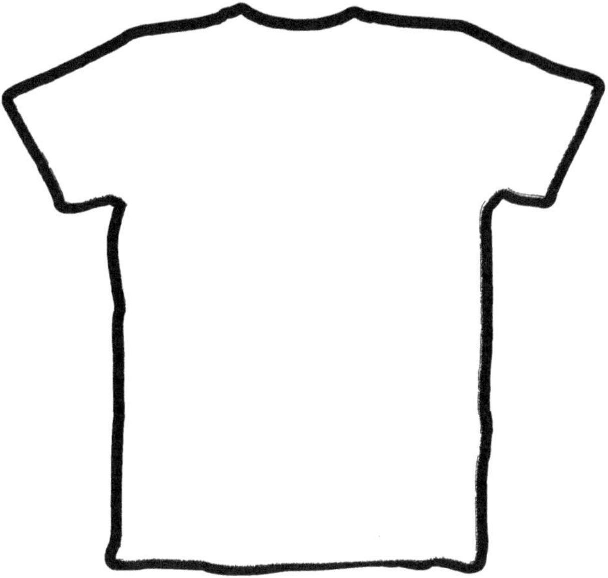

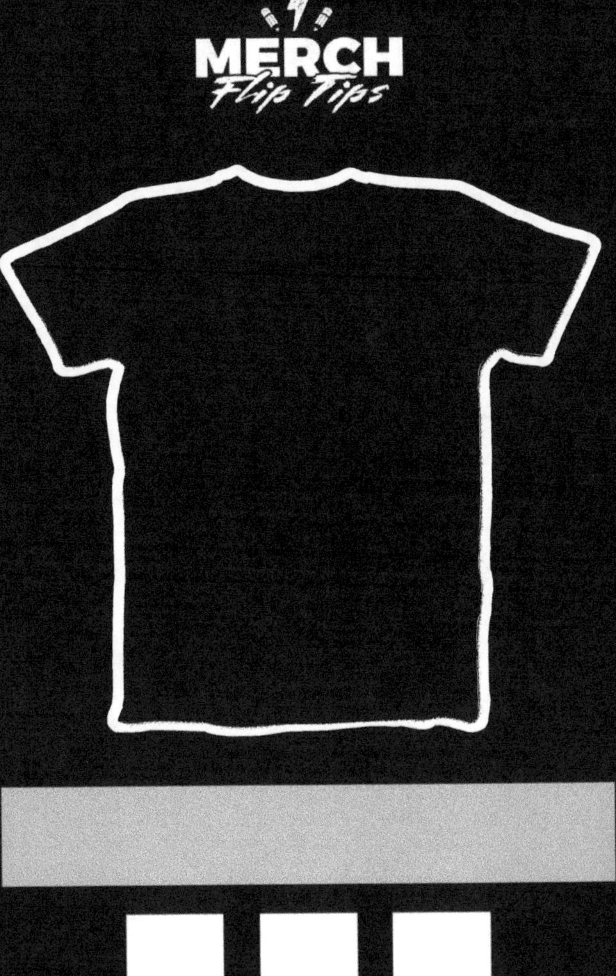

MERCH
Flip Tips

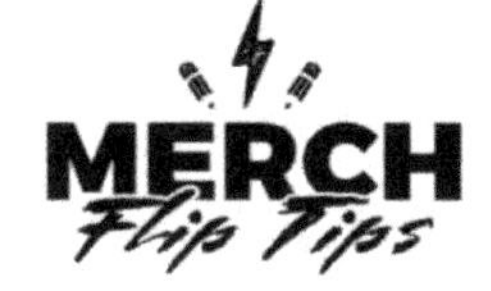

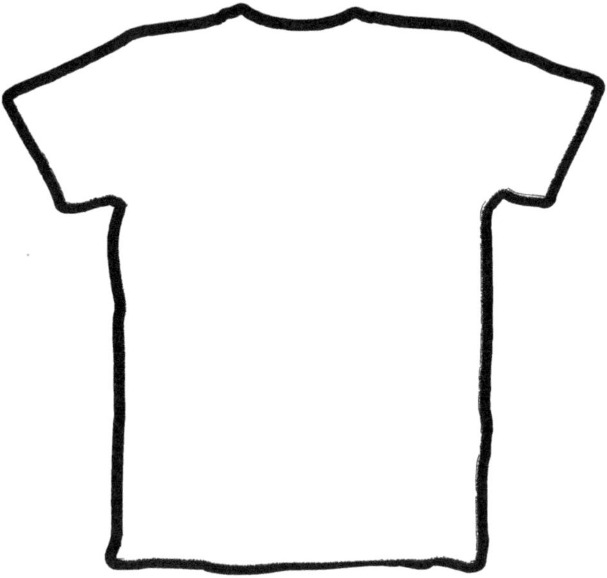

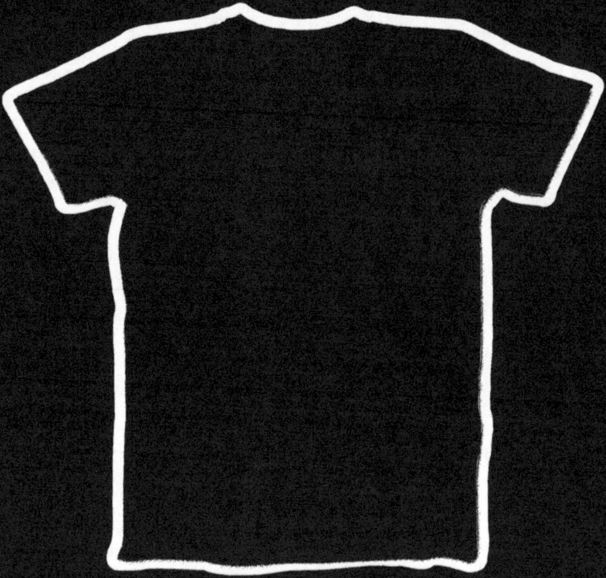

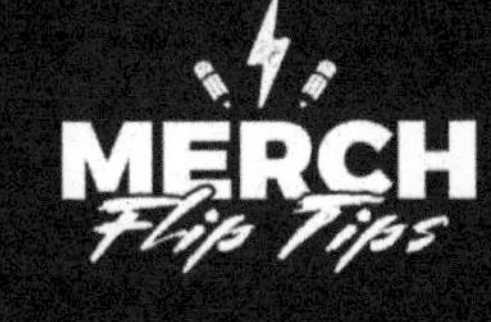

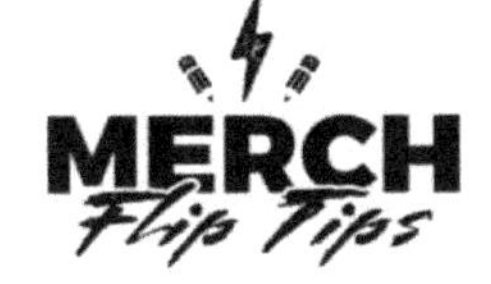

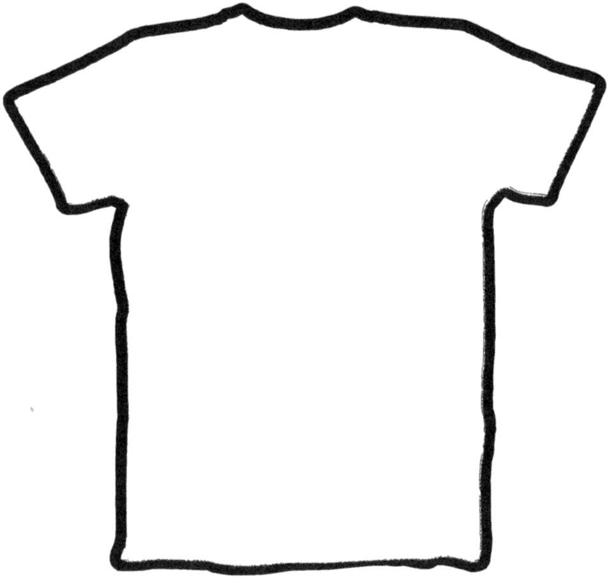

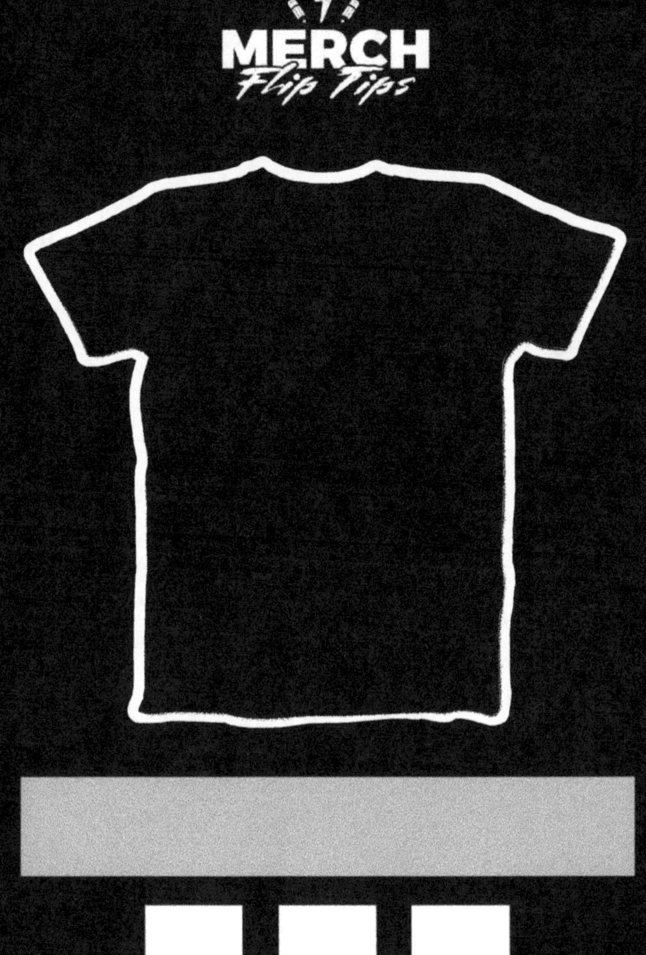

MERCH
Flip Tips

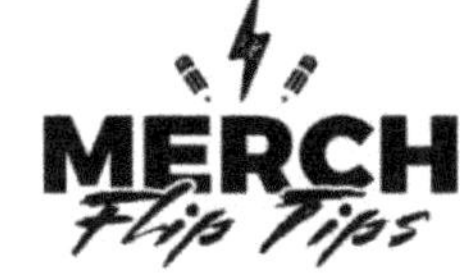

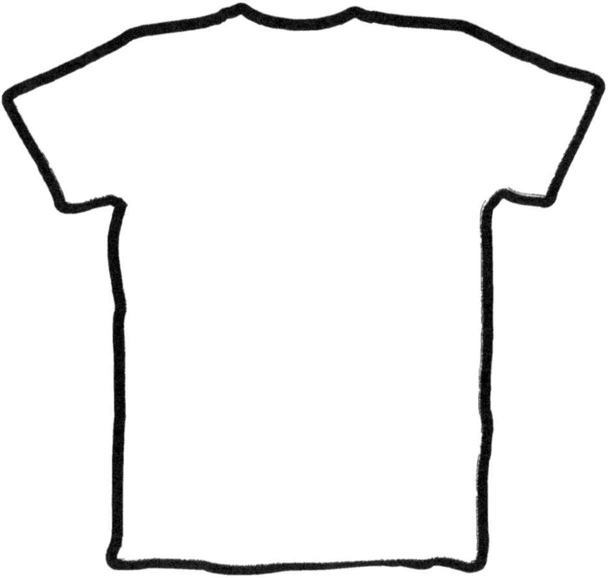

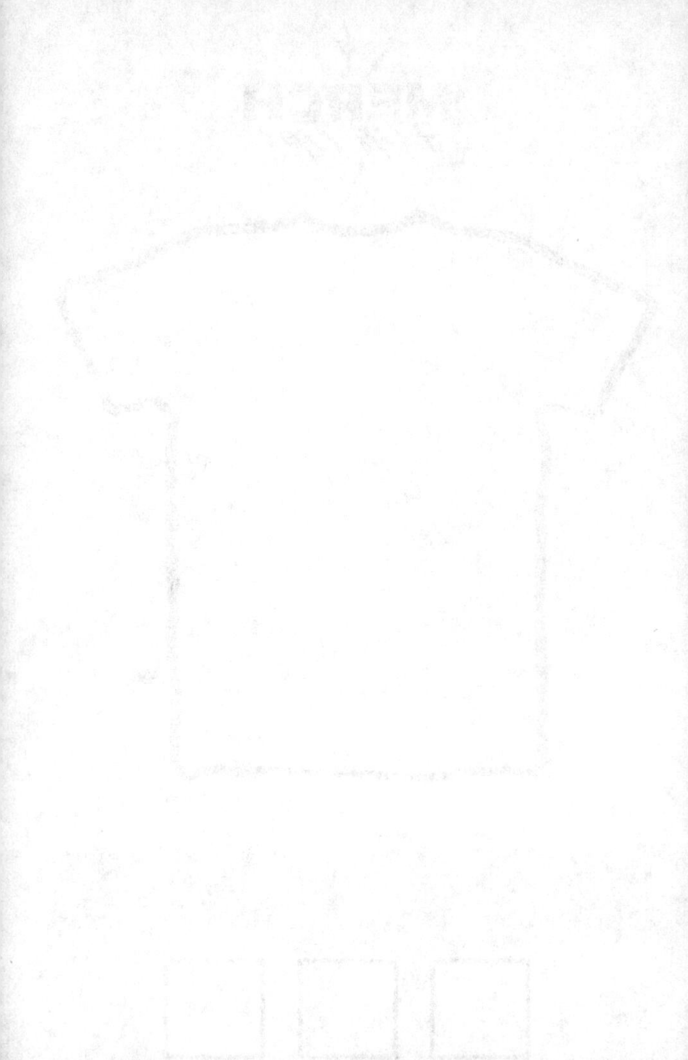

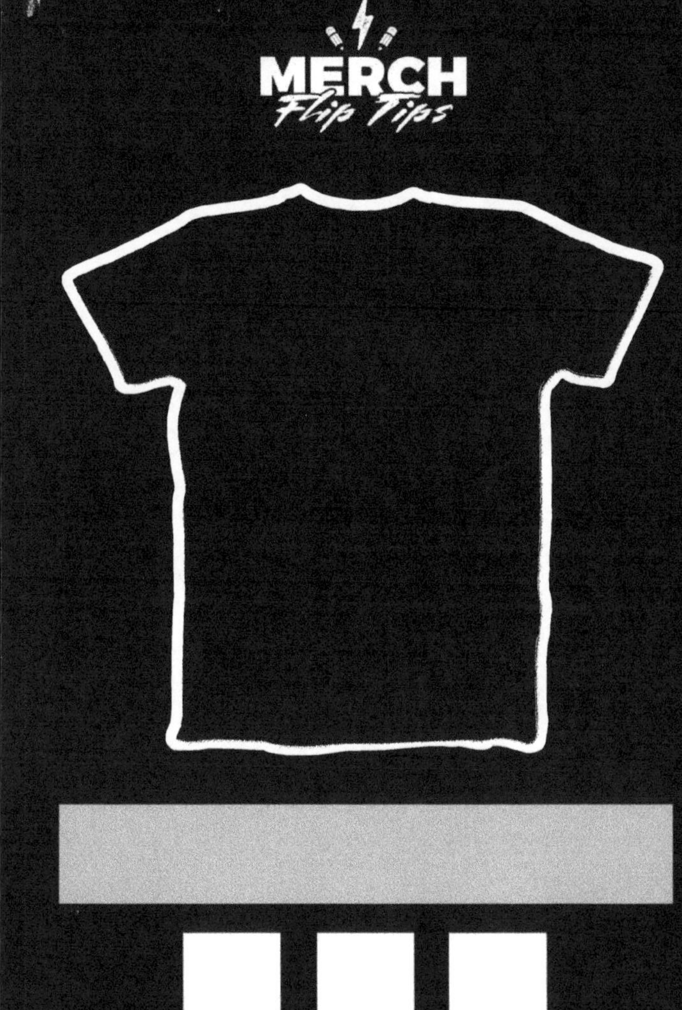

MERCH
Flip Tips

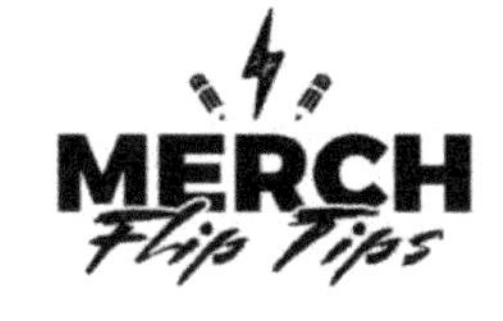

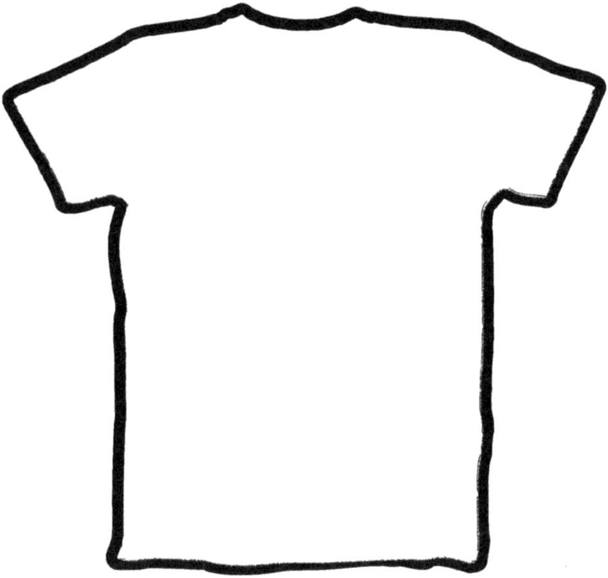

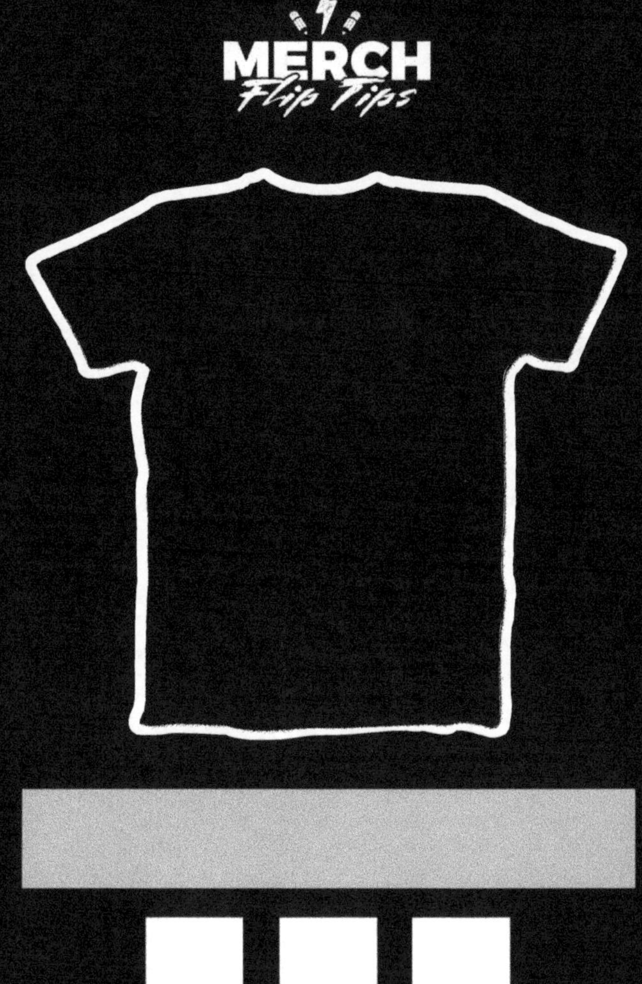

MERCH
Flip Tips

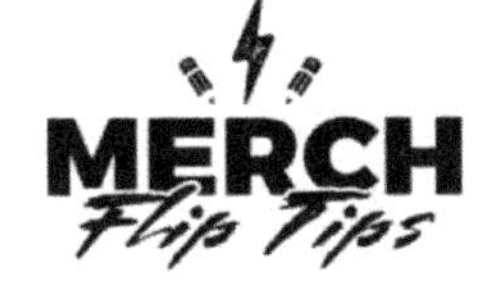

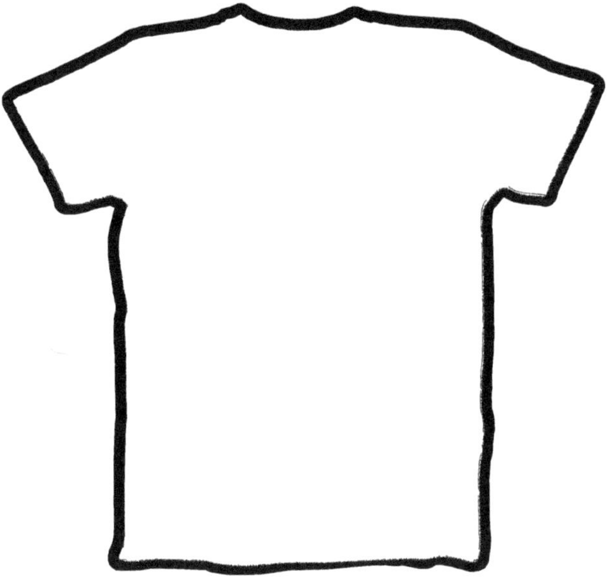

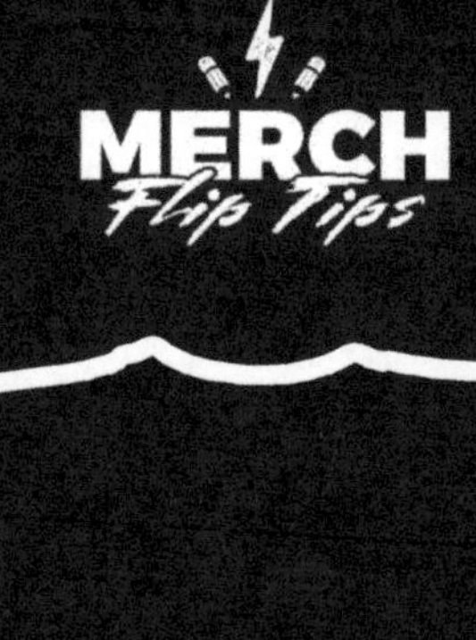

MERCH
Flip Tips

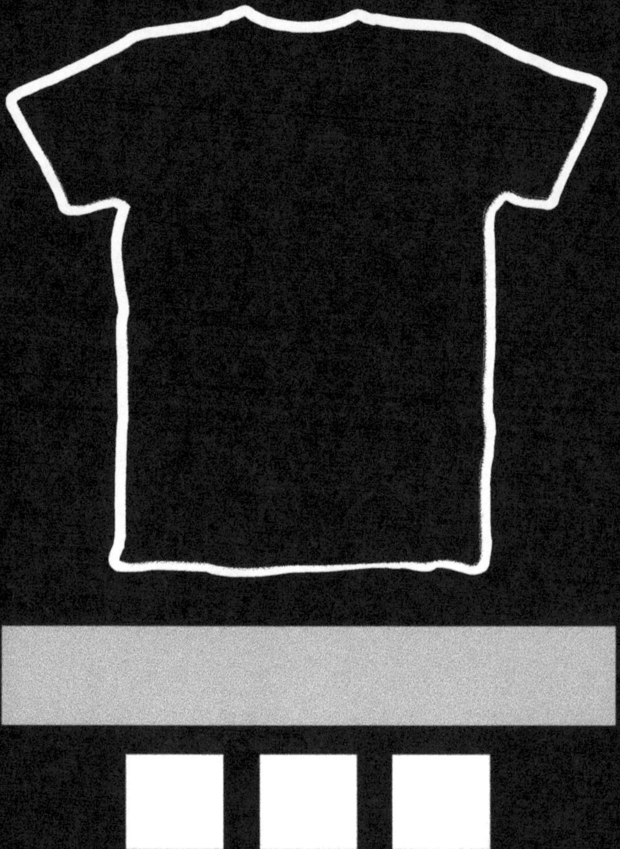

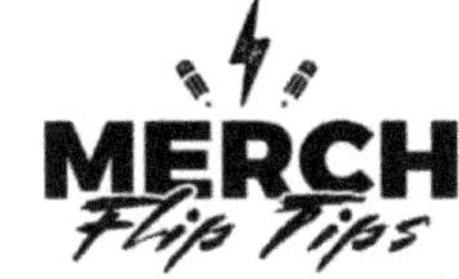

MERCH
Flip Tips

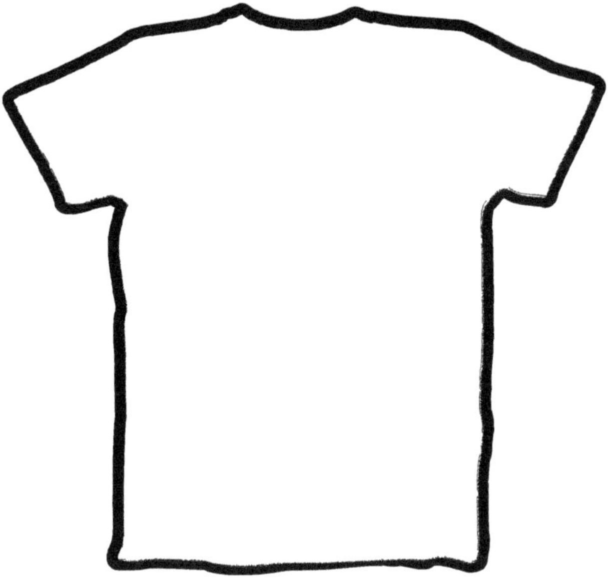

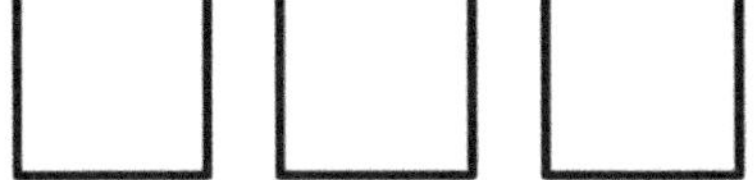

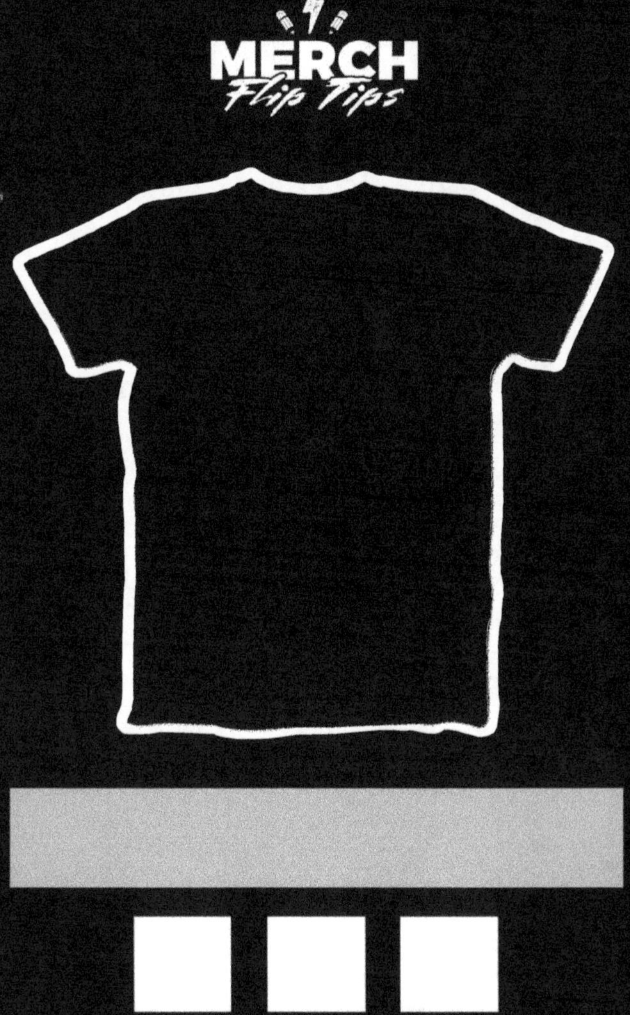

MERCH
Flip Tips

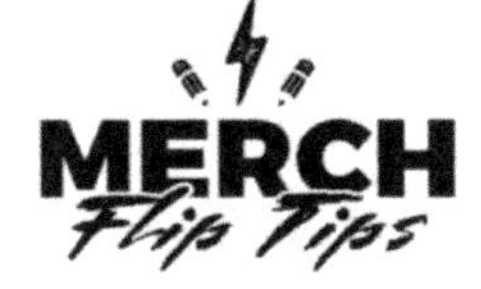

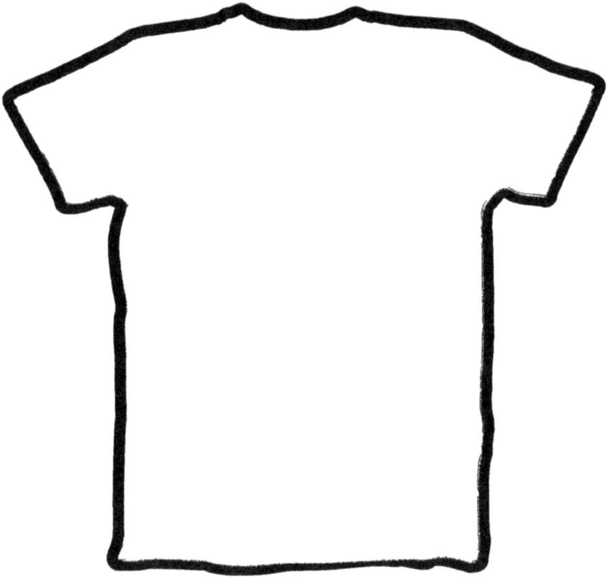

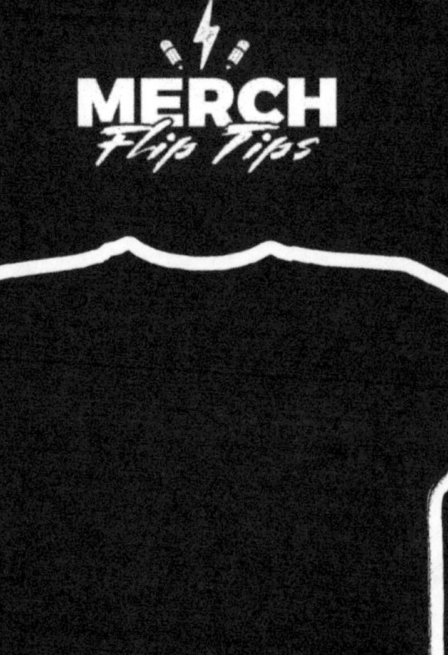
MERCH
Flip Tips

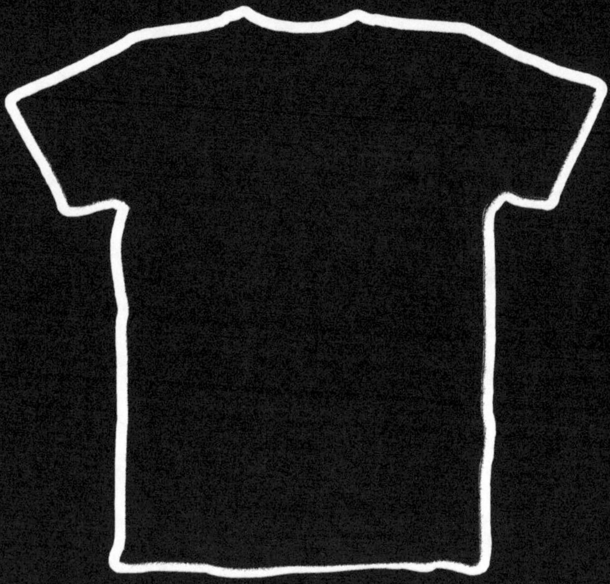

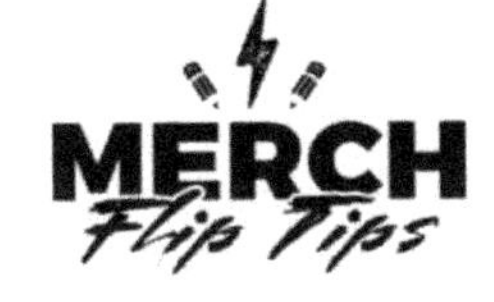

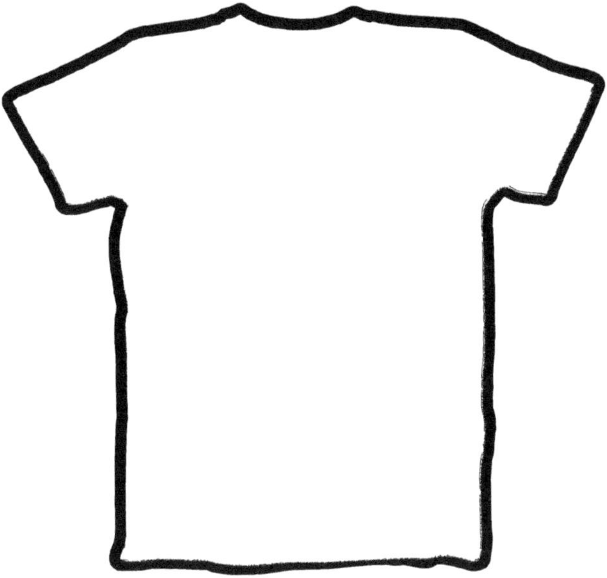

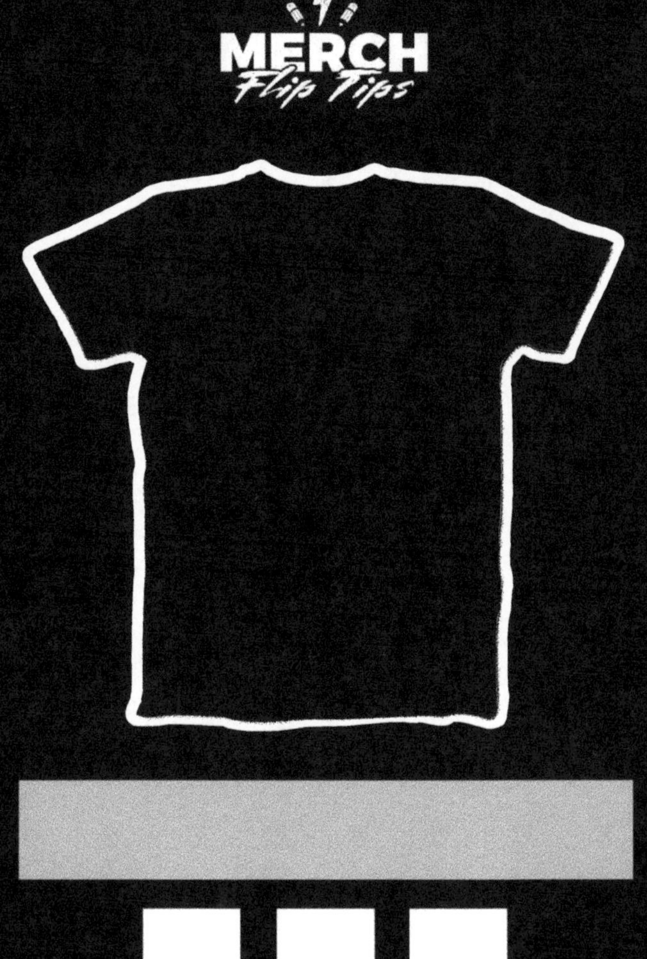

MERCH
Flip Tips

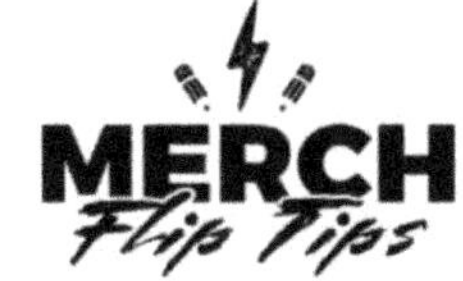

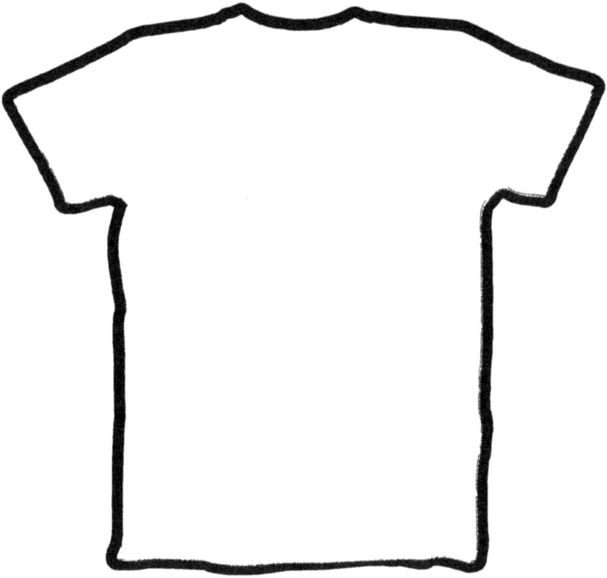

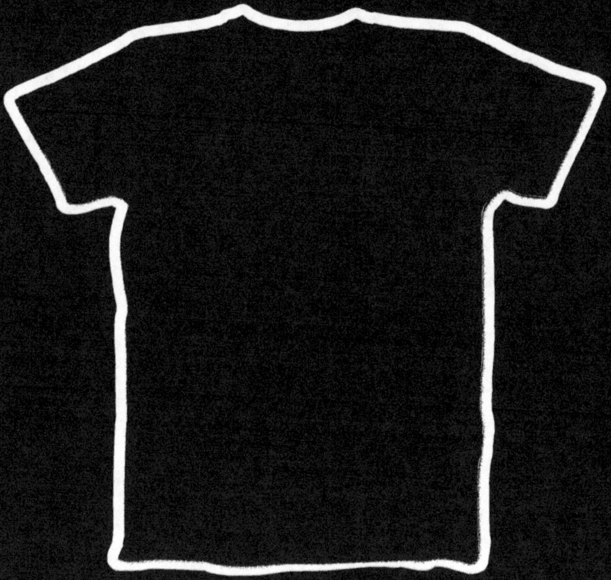

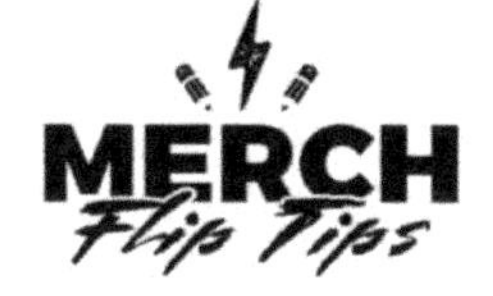

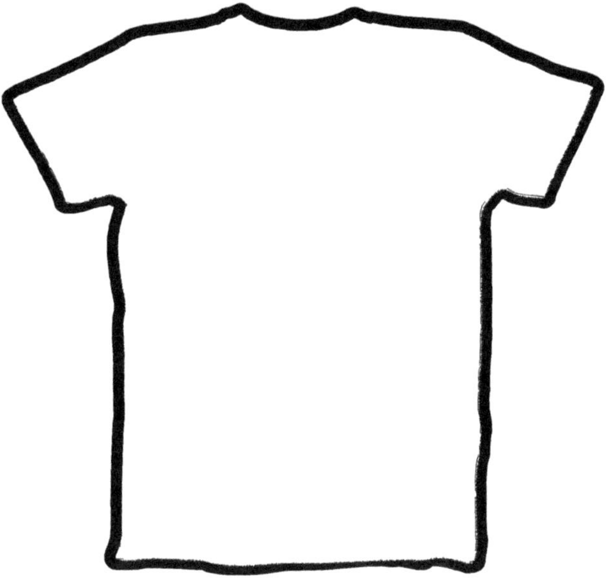

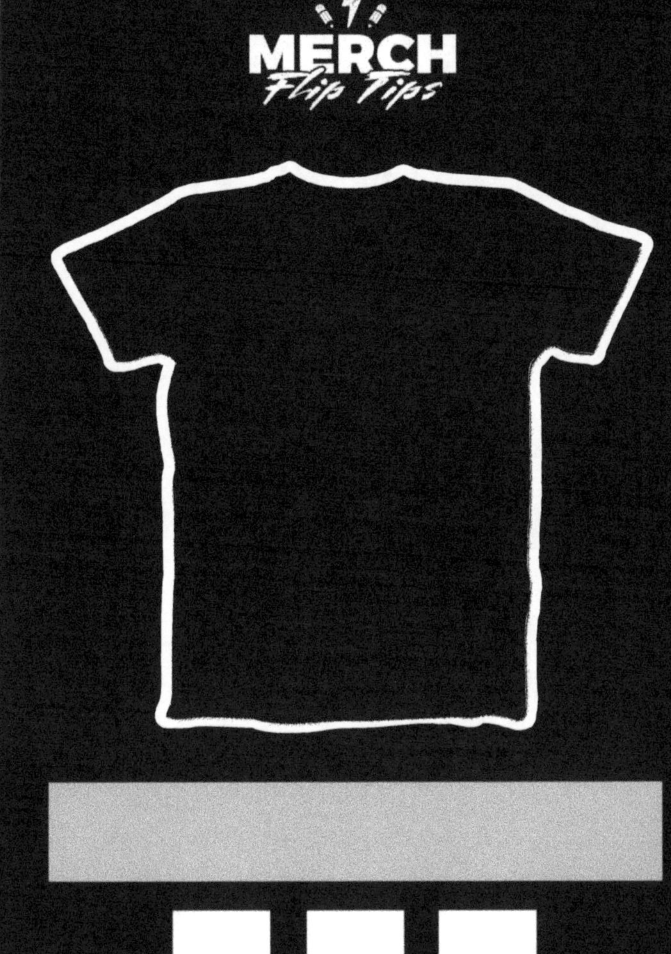
MERCH
Flip Tips

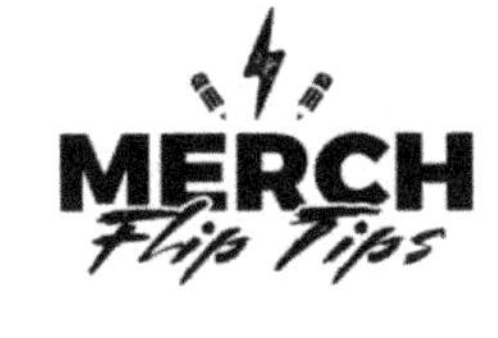

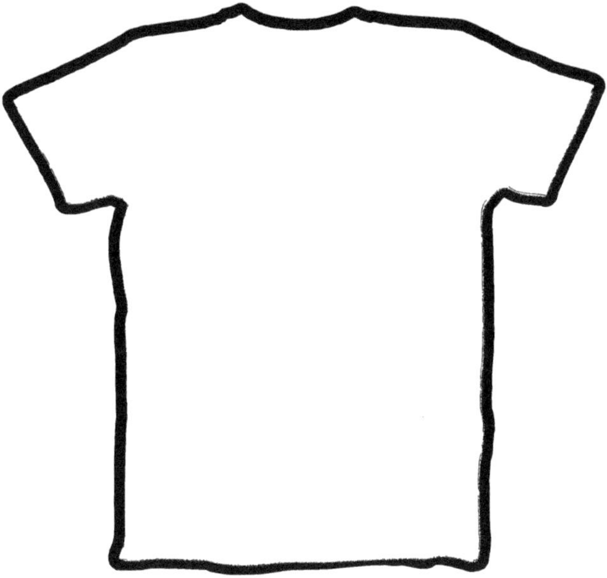

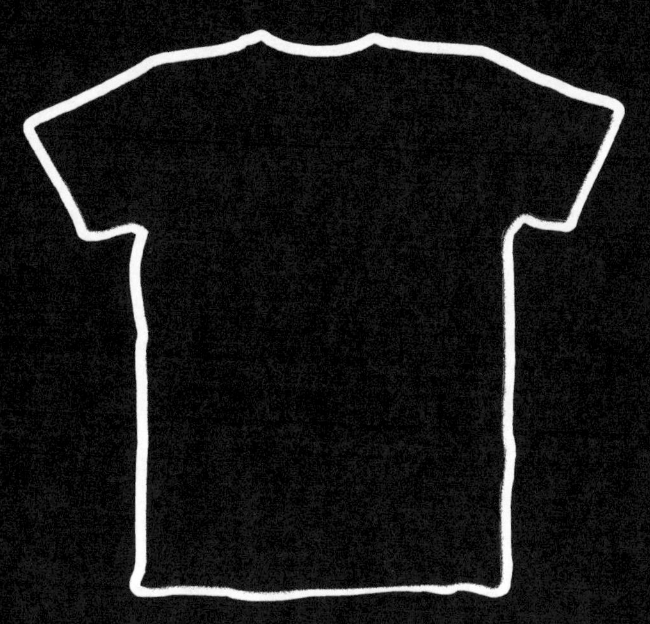
MERCH
Flip Tips

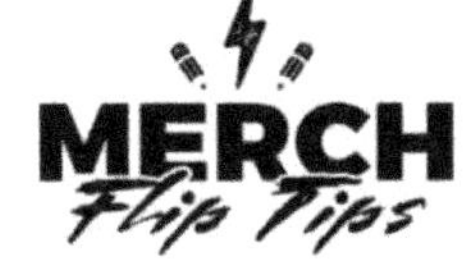

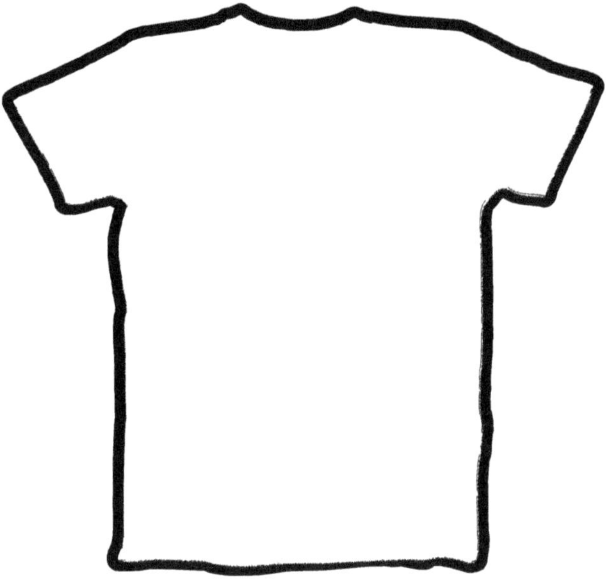

MERCH
Flip Tips

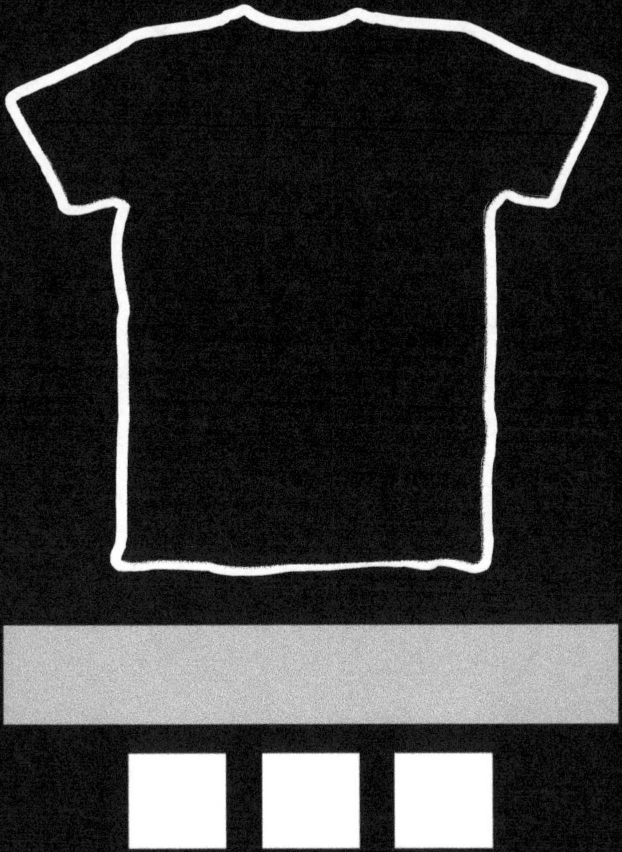

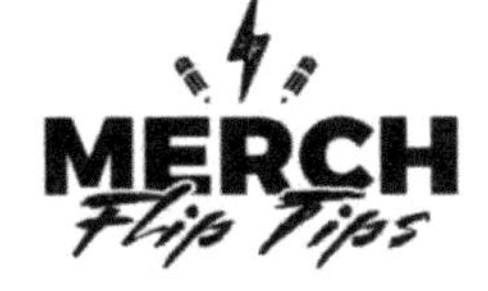

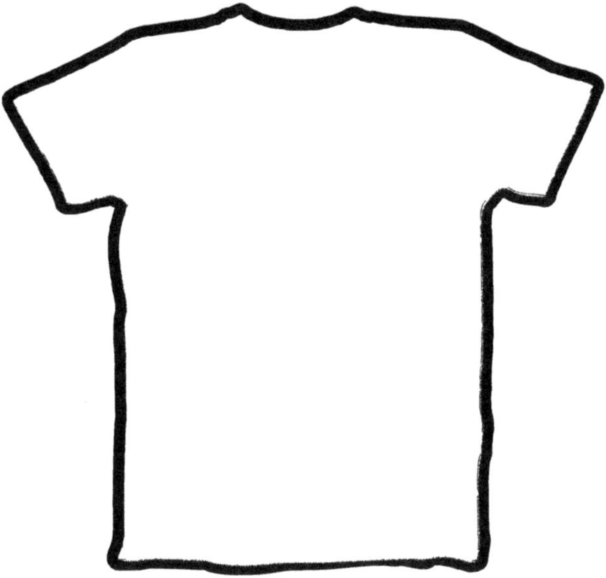

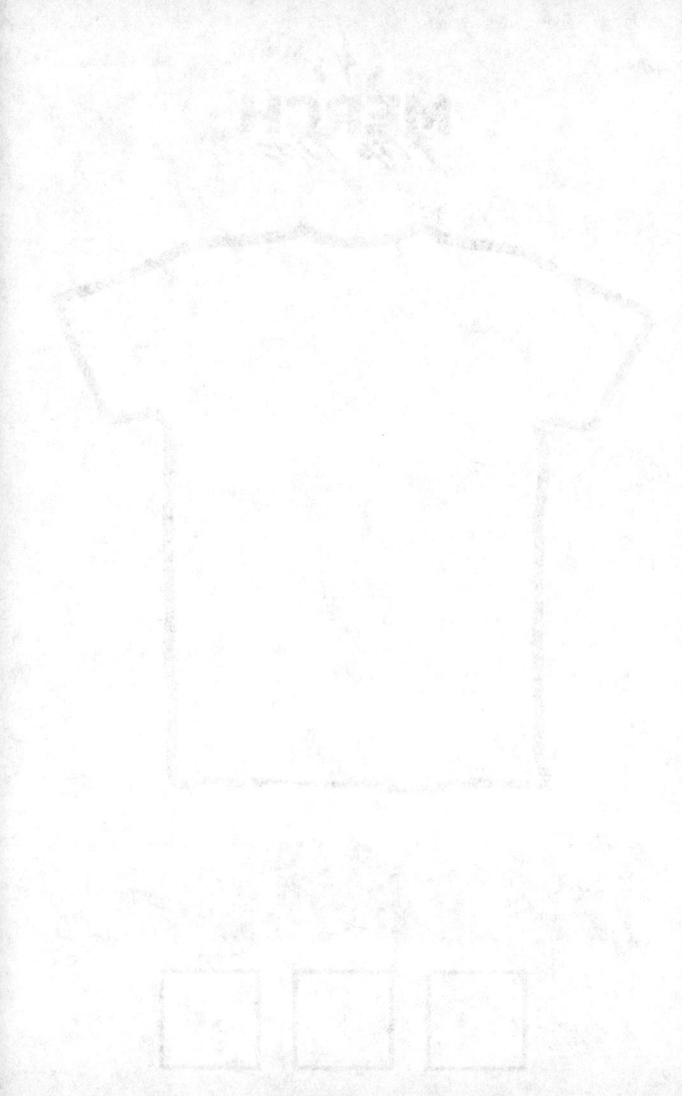

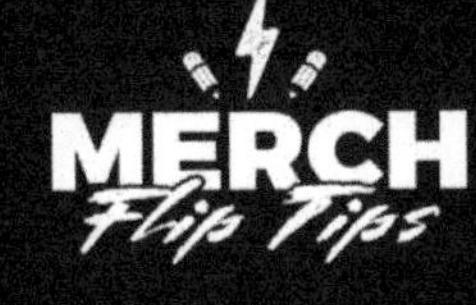

MERCH
Flip Tips

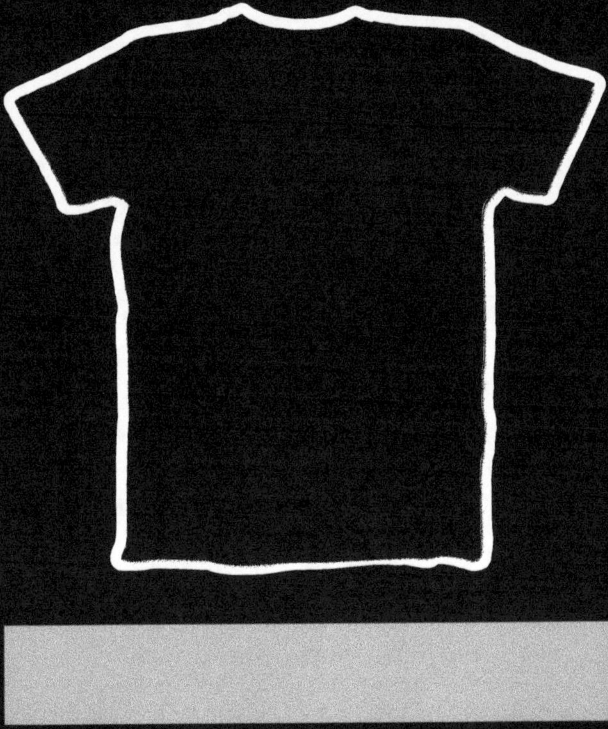

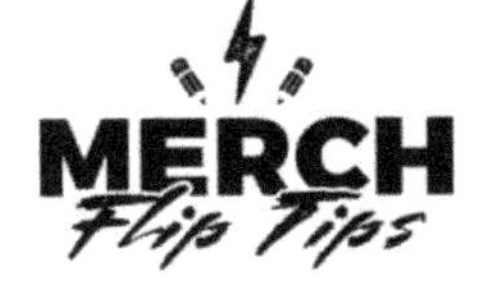

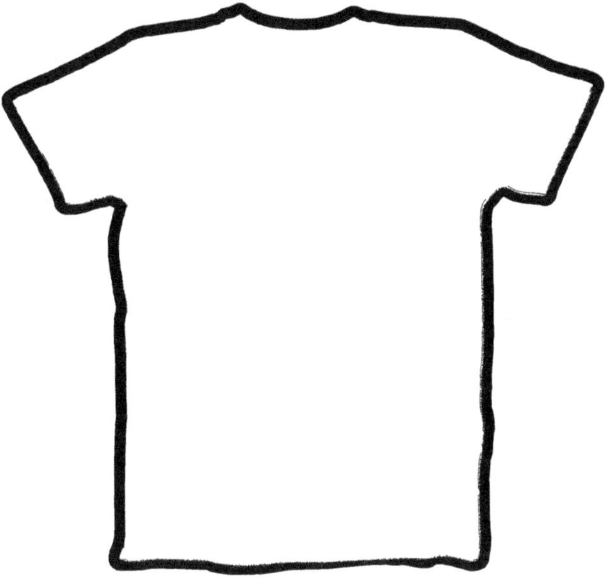

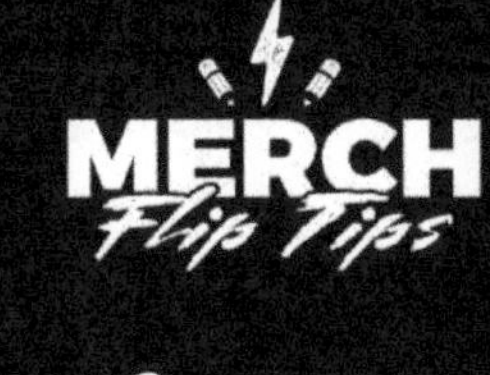

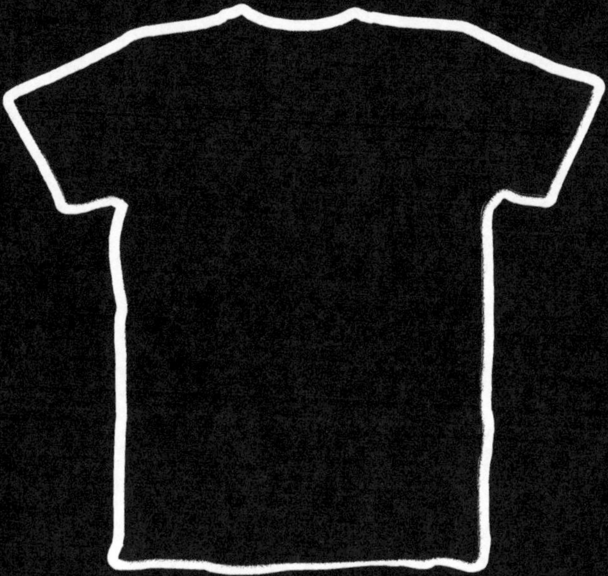

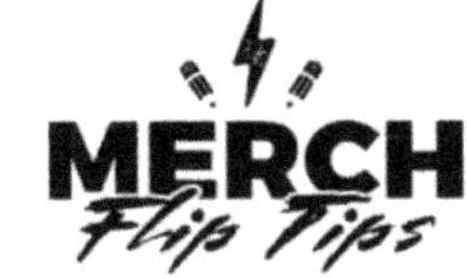

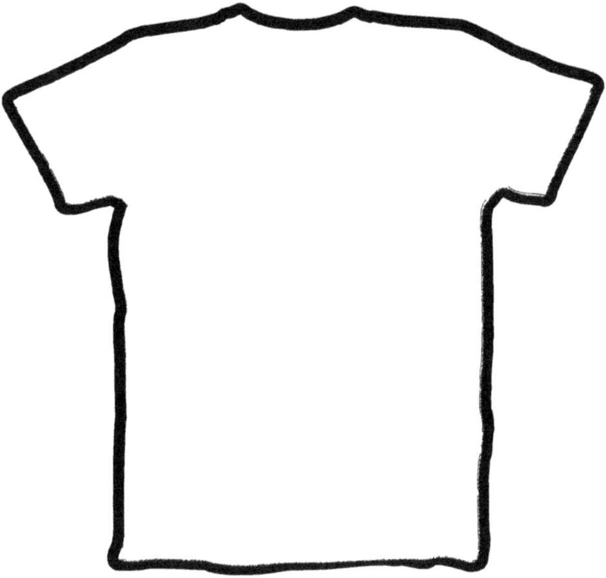

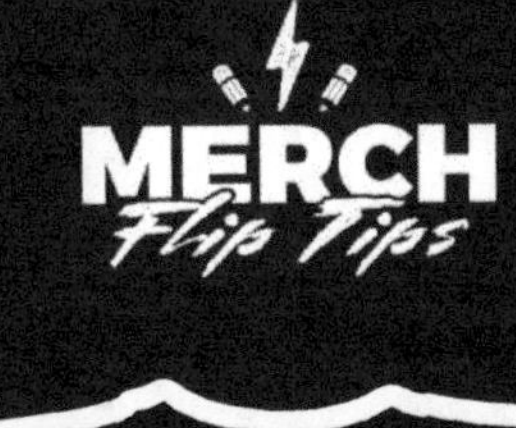
MERCH
Flip Tips

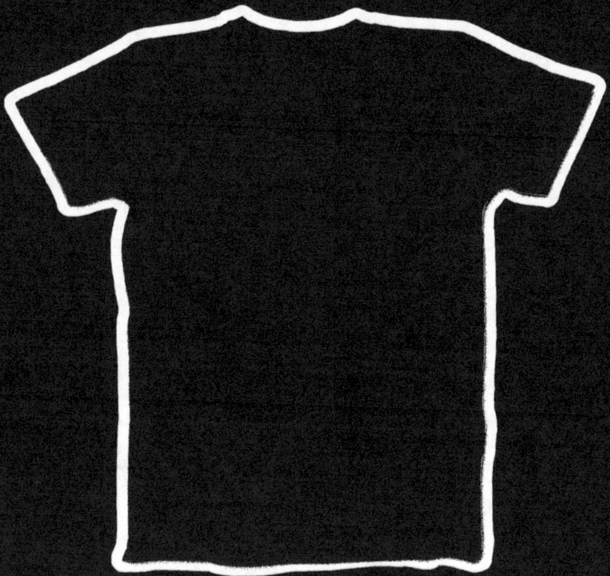

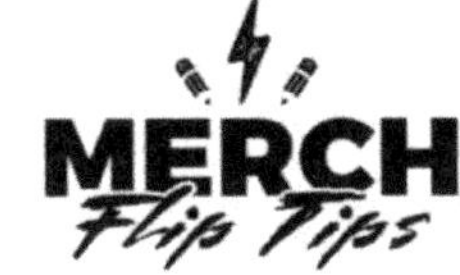

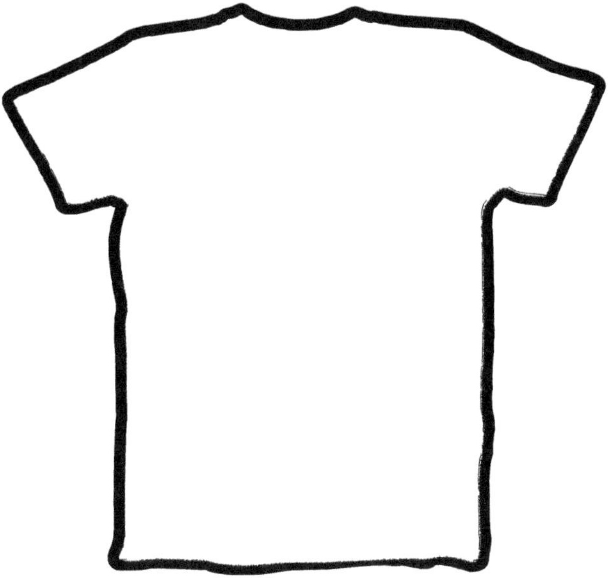